Banquet Annuel
DES VOSGES,
DU 5 JUILLET 1828.

Présidence de M. le Duc de Choiseul,
Pair de France.

COMMISSAIRES : MM. Perrin de Damas, Albert-Montémont, Jacquart d'Épinal et Garcin de Neufchâteau.

Précis
ET
COUPLETS.

PARIS.
IMPRIMERIE DE FIRMIN DIDOT,
IMPRIMEUR DU ROI ET DE L'INSTITUT,
RUE JACOB, N° 24.

1828.

PRÉCIS

SUR LE BANQUET DES VOSGES

DU 5 JUILLET 1828.

La réunion des citoyens d'un même pays dont ils sont éloignés, a quelque chose de solennel et de généreux; les divisions disparaissent, les opinions se mêlent, les cœurs se rapprochent, se répondent; il se fait un échange de sentiments affectueux, et une louable émulation se réveille parmi des hommes qui cherchent de paisibles jouissances dans une confraternité bien propre à exciter à la pratique des vertus nationales.

Depuis plusieurs années les habitants des Vosges qui demeurent à Paris suivent ce louable usage, comme plusieurs autres départements. Les Vosgiens ne sont jamais restés en arrière en fait de patriotisme, de liberté et de dévouement aux idées nobles, élevées et utiles. Dans les orages de la révolution, on les a vus les premiers s'organiser en bataillons volontaires pour courir aux frontières menacées ; ils ont ensuite par leur empressement à payer les taxes publiques, mérité qu'une des places de la capitale portât le nom de *Place des Vosges*; et naguère, lorsque les ennemis de la patrie envahissaient de nouveau le sol français, les Vosgiens, ne consultant que leur amour et leur devoir pour le pays, formèrent comme par enchantement quatorze bataillons de gardes nationales, où figuraient plusieurs femmes, dignes héritières du courage de Jeanne d'Arc, leur compatriote, et volèrent au secours de Metz et de Longwy, qui leur ont dû, en grande partie, de n'avoir pas été occupées en 1815 par les troupes alliées. Enfin, dans les dernières élections, les Vosgiens ont, par leur ferme résistance aux ménées corruptrices du dernier ministère, paralysé l'effet de manœuvres honteuses et rejeté plus de cent faux électeurs, dont on avait chargé les listes.

Le banquet de cette année a été présidé par M. le duc de Choiseul, cet illustre Vosgien qui dans la chambre héréditaire a toujours défendu avec une chaleureuse éloquence les libertés publiques. Dans cette fête de famille, où l'on remarquait MM. les députés des Vosges, M. Thouvenel, député de la Meurthe et Vosgien de naissance, le général Vautré, M. le baron de St.-Jacques, MM. Delorme, de Foucault, David, Bottin, de St.-Ouen, Valentin de Lapelouze, Prat, etc., on a porté plusieurs santés : la première l'a été par M. le président, qui s'est exprimé en ces termes :

« Messieurs,

« J'ai l'honneur de vous inviter à vous joindre à moi pour porter debout et par une triple acclamation, la santé la plus auguste, la plus chère et la plus respectée.

« La santé que j'ai l'honneur de vous proposer, est celle du Roi et de sa royale famille.

« En portant ce toast si français, nous y joignons tous nos vœux pour la conservation de ce noble et loyal pacte constitutionnel, ouvrage de la sagesse du dernier roi et si bien consolidé par les actes du prince qui nous gouverne.

« Et en effet, Messieurs, comment séparer dans nos cœurs le bienfaiteur du bienfait, l'auteur de son immortel ouvrage? comment ne pas chérir le Roi qui a consolidé nos libertés, qui nous a délivré de la censure, de la tendance, de la fraude et de tout ce qui était si déloyal? comment ne pas vouer une éternelle reconnaissance et environner de vœux un roi qui a fait renaître une chambre des députés si brillante en talents, en patriotisme et dont nous montrons avec orgueil la portion que les Vosges ont été glorieuses d'y envoyer? Comment ne pas bénir la main royale qui a signé la dernière ordonnance si nécessaire et si nationale?

« C'est donc avec un respect profond, une reconnaissance sans bornes, et les sentiments les plus fidèles que je porte la santé suivante :

« Au Roi. — Vive le Roi !

« A Mgr. le Dauphin. — Vive le Roi !

« A l'auguste famille royale. — Vive le Roi ! »

A cette santé, éminemment française, qui a été accueillie par les cris de Vive le Roi ! Vive la charte ! a succédé celle du département des Vosges, dont M. Boula du Colombier, ancien préfet, brutalement révoqué par l'ex-ministre Corbière, pour n'avoir point voulu transiger avec sa conscience, a eu l'occasion de rappeler les sentiments de modération et d'attachement des Vosgiens. M. Lambert, avoué, a ensuite porté un toast de gratitude au président qui a répondu :

« Messieurs,

« Le plus grand honneur qu'un homme puisse recevoir, c'est d'être estimé, aimé, distingué parmi ses concitoyens : c'est le résultat d'une vie politique irréprochable ; c'est la plus belle des récompenses.

« Mais, Messieurs, dans l'ancienne monarchie, comme dans la monarchie constitutionnelle, les devoirs imposés aux Français loyaux m'ont toujours paru bien faciles à remplir. Admis bien jeune encore près de la personne de l'auguste Louis XVI, c'est près de lui, c'est à l'école de ses hautes vertus et de l'héroïque courage de son illustre compagne, que j'ai appris que le dévouement au prince était inséparable de l'amour de la patrie : leurs paroles et leurs exemples ont été les guides de ma vie.

« Dans la monarchie constitutionnelle, l'obéissance à la loi est la première des vertus. Elle est douce à suivre, cette loi, Messieurs, lorsqu'elle renferme, comme la nôtre, la double obligation d'attachement à la Charte constitutionnelle, et de reconnaissance et de dévouement à la sagesse royale qui a donné et ensuite consolidé, dans ce pacte social, la prospérité française et les libertés nationales. Je n'aurais pu, Messieurs, m'écarter de cette ligne si loyale, si facile, si française : j'ai fait mon devoir, je le ferai toujours jusqu'au dernier jour de ma vie. Votre indulgence a daigné honorer en moi l'exercice de ces justes devoirs. Vous avez voulu distinguer en moi le Français attaché à la dynastie royale, le pair dévoué aux libertés publiques et aux institutions fondamentales accordées à notre belle patrie. Peut-être avez-vous voulu joindre quelques suffrages pour l'ancien major-général de la garde nationale parisienne, pour l'admirateur de cette magnifique et nécessaire organisation que j'espère voir se relever encore ; et peut-être aussi l'ami des Grecs et de leur cause sacrée a-t-il trouvé quelques pensées dans vos cœurs. Voilà sans doute mes titres près de vous, Messieurs; et si les plus belles années de ma vie ont été vouées aux dangers, aux orages, aux prisons et aux malheurs, j'ai dû plus tard bénir ces années désastreuses, puisqu'elles ont attiré sur moi votre estime et votre bienveillance, et que j'ai dû à ces précieux sentiments des jours plus prospères.

« C'est donc pénétré de reconnaissance pour toutes les marques de bonté dont vous me comblez, c'est en me retrouvant au milieu des habitants des Vosges, comme si j'étais dans ce département, objet de mon affection et de ma profonde gratitude; c'est dans cette effusion de sentiments, que la seule patrie peut faire naître, que j'ose répéter ici ce que j'adressais à mes compatriotes au milieu du collége électoral des Vosges : dévoué à vous, Messieurs, et par mes sentiments personnels, et par la solennelle adoption que vous avez faite de ma famille, nous vous sommes tous dévoués, comme nous le sommes tous au Roi et à la France.

« Agréez donc l'expression de ces sentimens, dans la santé que je me permets de rendre.

« Je la porte aux Vosges et à vous, Messieurs, qui la représentez en ce moment.

« A leurs Députés et à leurs Électeurs.

« A l'amitié et à ma profonde et respectueuse reconnaissance. »

Après cette improvisation brillante, que les bravos de l'assemblée ont plusieurs fois interrompue, M. Dutac a porté la santé des cinq députés des Vosges, unanimes dans l'accomplissement de leur mandat; le même toast a fourni à M. Valentin de la Pelouze, l'occasion de rappeler la belle conduite de M. le marquis de Marmier à la défense d'Huningue, et à M. Floriot de rendre hommage à la bravoure et au talent de M. le colonel Jaqueminot. Ce noble député a fait à ce toast une réponse remarquable, qui caractérise parfaitement le cœur et le courage d'un vrai Français. Un toast particulier a été en outre proposé par M. Albert-Montémont, au département de la Meurthe, lequel, a-t-il ajouté, « compte parmi ses représentants un Vosgien, M. le docteur Thouvenel, un de ces vrais amis de la science, de la patrie et de l'humanité, qui ne croient à d'autre *contagion* qu'à celle des principes constitutionnels. »

Deux autres santés ont été consacrées, l'une à M. Boula du Colombier, qui a administré le département des Vosges avec tant de sagesse, et la dernière à l'armée française. Des couplets analogues à la circonstance, composés et chantés par MM. Malgaigne et Albert-Montémont, ont été vivement applaudis; et le banquet s'est terminé par une collecte qu'a proposée M. Collard de Martigny pour venir au secours d'une pauvre veuve de l'arrondissement de Mirecourt, privée de sa fille, son seul soutien, par le plus lâche assassinat.

C'est ainsi que les Vosgiens, en ce moment à Paris, ont, au milieu de leurs plaisirs, répondu, par une œuvre de bienfaisance, aux furibondes déclamations de la Quotidienne.

L'assemblée, en se séparant, a témoigné aux commissaires du banquet sa pleine satisfaction pour tous les soins qu'ils y ont apporté.

COUPLETS

CHANTÉS

Par M. Malgaigne (de Charmes),

ET DONT L'IMPRESSION A ÉTÉ VOTÉE A L'UNANIMITÉ.

AIR : *De la Colonne.*

D'AUTRES sont fiers de leurs riches campagnes :
Le Barrois chante en foulant ses raisins ;
Mais nous, Vosgiens, simples fils des montagnes,
Qui ne buvons que le vin des voisins,
A nos chansons il faut d'autres refrains.
J'en ai trouvé : notre Vosge chérie
Porte du fer et nourrit des guerriers ;
 Au souvenir de leurs lauriers,
 J'ai dit : Honneur à ma patrie !

Sur ces vieux monts l'aigle bâtit son aire :

La liberté se plaît dans leurs rochers.

Elle guidait cette vierge guerrière

Qui, d'Orléans épousant les dangers,

Vint l'affranchir du joug des étrangers.

Et quand plus tard la France rajeunie

Du fier Brunswick repoussait les drapeaux,

 Sa voix réveilla nos échos :

 Vosgiens ! honneur à la patrie !

De quel éclat, en ces temps héroïques,

Au premier rang brillaient nos bataillons !

La cité-reine, en ses places publiques,

Prompte à choisir entre cent légions,

Avec orgueil avait écrit leurs noms.

Plus d'une gloire à ce nom se rallie ;

Et si la guerre a de beaux souvenirs,

 La science aura ses martyrs.

 Vosgiens ! honneur à la patrie !

Une autre peste a traversé les ondes :
La fièvre jaune, empoisonnant les airs,
Pose aujourd'hui ses pieds sur les deux mondes ;
Et Barcelone, assise au bord des mers,
Pleure ses fils et ses foyers déserts.
Mais le malheur appelle le génie !
Prêt à lutter pour eux contre la mort,
 Un Vosgien jette l'ancre au port.
 Vosgiens ! honneur à la patrie !

Laissez dormir vos armes invincibles ;
La liberté renaît, grâce à deux rois.
La lice s'ouvre à des luttes paisibles :
Vos électeurs iront, au nom des lois,
Combattre encor pour défendre vos droits.
Ils ont vaincu ! la Vosge enorgueillie
Cite les noms que l'urne a proclamés ;
 Honneur à ceux qu'elle a nommés !
 Vosgiens ! honneur à la patrie !

LES VOSGIENS,

COUPLETS

CHANTÉS

Par M. Albert-Montémont,

ET DONT L'IMPRESSION A ÉTÉ VOTÉE A L'UNANIMITÉ.

AIR : *Du Dieu des bonnes gens.*

De mon pays salut, douce mémoire !
A ton appel vois ses dignes enfants
Se rassembler pour trinquer à sa gloire,
Et réunir leurs accords triomphants.
Concours aimable, où viennent se confondre
Opinions, rangs, dignités et biens,
A la gaîté ma gaîté va répondre :
    Célébrons les Vosgiens.

Francs et loyaux, industrieux sans brigues,
Bons sans faiblesse, humains sans vanité,

Dans leurs rapports évitant les intrigues,
Fils de l'honneur et de la vérité;
Libres, contents du chaume héréditaire,
Amis des arts, vertueux citoyens,
N'est-ce pas là le parfait caractère
  Des montagnards vosgiens.

Du temps passé rappellons les merveilles :
Les lys mouraient sous un prince énervé;
D'un lit obscur, ô *Jeanne*, tu t'éveilles;
Albion tremble, Orléans est sauvé.
Faits écoulés, *Dom-Calmet* vous signale;
Claude (1) ravit leur palette aux Titiens ;
Et toi, *Gilbert*, ta lyre non vénale
  Eut des accents vosgiens.

Sage *Oberlin*, dont la pieuse adresse
Aux villageois apprit l'art d'être heureux,
Quand de *Grand-Pré* la publique allégresse
Applaudissait les élans généreux ;

---

(1) Claude *Gelée*, dit le Lorrain, célèbre paysagiste.

Rivard (1), et toi, *Gérardot* (2), qui, sans guide,
Près de ta meule, as saisi les liens
De tous les corps gravitant dans le vide,
    N'étiez-vous pas Vosgiens ?

Mais des vivants interrogeons les titres :
Savant *Delpierre*, honorable *Bresson* (3),
Vous que Thémis chérit pour ses arbitres,
Vous méritez un durable renom.
Quand de *Vautré* resplendit la vaillance (4),
Quand le génie, aux nouveaux Galiens,
De nos *Fleurot* oppose la science (5),
    Chantons : Gloire aux Vosgiens !

---

(1) Le mathématicien Rivard.

(2) Meunier qui, sans autres connaissances astronomiques que celles de l'almanach de Liége, parvint à fabriquer un planisphère, représentant les phénomènes de tous les corps célestes.

(3) M. Delpierre, président de la cour des comptes, et M. Bresson, célèbre avocat, ont eu encore pour émule au barreau M. *Bexon,* un des collaborateurs de Buffon.

(4) M. le maréchal *Victor*, les généraux *Buquet, Grandjean, Marion*, le colonel *Puton* et autres, sont également Vosgiens.

(5) Célèbres renoueurs au Val d'Ajol, près Remiremont.

Ce fils de Mars qui, traversant les ondes,
En Hibernie ose aborder soudain (1),
Et du Breton, oppresseur des deux mondes,
Vient affronter le superbe dédain ;
Celui dont l'art, qu'un beau zèle aiguillonne,
Pour vous sauver, peuples ibériens,
Courut braver la peste à Barcelonne (2),
  Portaient des cœurs vosgiens.

Voyez des arts éclater les prodiges;
Laurent, *Dutac*, émules de Wateau ;
Et de ses vers étalant les prestiges,
Pellet, rival du brillant *Neufchâteau* (3),
Fallatieu, *Doublat*, vos soins fertiles,
De l'indigence admirables soutiens,
Rendent plus cher, par des labeurs utiles,
  Le pays des Vosgiens.

Et toi surtout, l'honneur de la Pairie,
De notre Charte éloquent défenseur,

---

(1) Le général Humbert.
(2) Le docteur Pariset.
(3) François de Neufchâteau.

Dont l'ame ardente, à la lutte aguerrie,
Devint l'effroi d'un trop fameux censeur;
En saluant ta digne présidence,
Noble *Choiseul*, probe concitoyen,
Nous proclamons la ferme indépendance
    Qui distingue un Vosgien.

N'oublions pas nos députés fidèles,
Dévoués tous au maintien de nos droits.
Jacqueminot força les citadelles;
Sur l'équité *Boula* fonde des lois;
Champy, *Vaulot* honorent l'industrie;
A leurs efforts *Marmier* unit les siens :
En eux ici notre voix remercie
    Les électeurs vosgiens.

Ah! puissions-nous, dans nos vœux légitimes,
Perpétuant ce mémorable jour,
Ensemble encor, par des nœuds plus intimes,
En célébrer tous les ans le retour;
Et, de la Seine à nos vertes campagnes,
Faisant voler nos joyeux entretiens,
Buvons au sexe, orgueil de nos montagnes,
    Comme font tous les Vosgiens.

FIN.